Petit Poucet

Collection dirigée par
Stéphanie Durand

LES AVENTURES D'UN BISCUIT

AMÉLIE BOUCHARD
ILLUSTRATIONS DE MARIE ÉMILIE ROWE

Québec Amérique

Projet dirigé par Stéphanie Durand, éditrice

Conception graphique : Nathalie Caron et Félicia Boisvert
Révision linguistique : Isabelle Pauzé
Illustrations : Marie Émilie Rowe

Québec Amérique
329, rue de la Commune Ouest, 3e étage
Montréal (Québec) Canada H2Y 2E1
Téléphone : 514 499-3000, télécopieur : 514 499-3010

Nous reconnaissons l'aide financière du gouvernement du Canada par l'entremise du Fonds du livre du Canada pour nos activités d'édition.

Nous remercions le Conseil des arts du Canada de son soutien. L'an dernier, le Conseil a investi 157 millions de dollars pour mettre de l'art dans la vie des Canadiennes et des Canadiens de tout le pays.

Nous tenons également à remercier la SODEC pour son appui financier. Gouvernement du Québec – Programme de crédit d'impôt pour l'édition de livres – Gestion SODEC.

Canada

Conseil des arts du Canada Canada Council for the Arts

SODEC Québec

Catalogage avant publication de Bibliothèque et Archives nationales du Québec et Bibliothèque et Archives Canada

Bouchard, Amélie
Les aventures d'un biscuit
(Petit poucet ; 4)
Pour enfants.
ISBN 978-2-7644-2948-8 (Version imprimée)
ISBN 978-2-7644-2991-4 (PDF)
ISBN 978-2-7644-2992-1 (ePub)
I. Titre. II. Collection : Petit poucet ; 4.
PS8603.O922A93 2015 jC843'.6 C2015-940462-2
PS9603.O922A93 2015

Dépôt légal : 3e trimestre 2015
Bibliothèque nationale du Québec
Bibliothèque nationale du Canada

quebec-amerique.com

Imprimé en Chine

Merci à Éléonore l'orignal
et à ma jolie maman
d'avoir lu et commenté le livre.

-1-
Cervelle d'Avoine

J'ouvre les yeux. C'est encore la nuit et c'est encore Avoine qui m'a réveillé. Il ronfle plus fort qu'un aspirateur ! Avoine, c'est mon cousin. C'est aussi un biscuit aux raisins secs. Il est gros et tout cabossé. Moi, je m'appelle Pépite, je suis un biscuit aux brisures de chocolat. Je ne suis pas différent des autres biscuits :

rond, beige avec exactement dix brisures de chocolat. Eh oui, dix, j'ai compté ! De toute manière, il n'y a rien d'autre à faire dans cet endroit. Notre pot est **une vraie prison** et les biscuits sont tellement peureux. Mais moi, je ne suis pas comme ça. Je suis brave. Bien plus que n'importe quel autre biscuit. C'est grâce à mon courage que j'ai décidé de partir du pot familial.

En fait… j'aurais bien voulu partir au lever du soleil, mais puisque je suis réveillé... autant en profiter !

Les biscuits dorment tous, donc je vais pouvoir partir tranquille ! Je préfère ne pas avoir à m'expliquer. Surtout à ma mère. Ma mère est un biscuit à pâte molle.

Lorsque j'ai perdu ma première pépite, elle a pleuré pendant trois heures en répétant « Pépite devient grand, oh mon petit Pépite, oh… ! » Je me dis que les biscuits à pâte molle doivent être mous parce qu'ils sont trop mouillés de larmes.

J'escalade donc les biscuits endormis et soulève doucement le couvercle du pot. Dehors, c'est le silence. La famille de la maison et **la grande bête poilue** doivent dormir.

Je me glisse sur le comptoir lisse et froid. Je me sens comme un espion. Ce serait super de devenir le premier **biscuit-espion**, non ?

L'agent 00-Choco! Je suis tout excité quand soudain…

TOCLOC.

Euh… Qu'est-ce que c'était ?

— Psst ! Pépite ! Mais qu'est-ce que tu fais !?

Houlà! c'est Avoine qui est descendu du pot en faisant un vacarme dont je ne croyais pas un biscuit capable! J'espère qu'il ne réveillera pas toute la maison.

— Comme tu le vois, je profite de la nuit pour me balader. Pour être un peu… tu sais… **SEUL.**

Je lui parle comme un biscuit soda. Sec et cassant. S'il ne comprend pas que je ne veux pas de lui ici, c'est qu'il a été trop cuit au four.

— Mais Pépite ! C'est dangereux ! C'est étrange que tu veuilles…

— Chut ! Viens par ici, cervelle de pouding. Tu vas nous faire dévorer !

— Hé ! Ne me traite pas de…

— **CHUT !**

Oh non ! J'entends du bruit ! Aïe.

J'espère que ce n'est pas cette fameuse bête poilue. Il n'est pas question que **l'agent 00-Choco** échoue sa mission de libération par la faute de son abruti de cousin. J'ai beau être un biscuit courageux, je tiens à mes pépites et le bruit se rapproche dangereusement !

-2-

Chat va pas la tête ?

Je vois une ombre. Comme je le craignais, la bête a été attirée par les bruits d'Avoine. C'est vraiment ma nuit de malchance. J'ai peur. J'en avale presque une de mes brisures de chocolat. Mais c'est absurde !
Si je suis sorti du pot, c'est parce que je suis brave.

Avoine tremble tellement qu'il perd un raisin sec qui roule à mes pieds. Haha, il est bien moins courageux que moi ! Il ne s'avance même pas, une vraie guenille. Je lance le raisin en question vers l'ombre de la créature à poil. Je lui dis :

— Hé ! l'affreux, tu aimes les fruits ?

— Tu sais quel sort je réserve aux petits impertinents dans ton genre. Allez, entre dans ma bouche qu'on en finisse !

Elle parle ! **La bête poilue parle!** … Entrer moi-même dans sa gueule ? Je suis peut-être intrépide mais je ne suis pas bête ! De plus, l'animal a une haleine dégoûtante, un mélange de poisson et de lait. Du poisson dans du lait ? Beurk, ça ne doit pas être très bon !

Il ferme sa gueule en un sourire vilain et s'apprête à sauter sur le comptoir lorsque, contre toutes mes attentes, Avoine intervient.

— Hé ! V… V… Vous le lais… sez tranquille… OK ?

Wow! Je ne m'y attendais pas du tout. La bête non plus apparemment, car elle tourne la tête vers mon cousin, intriguée. Normalement, Avoine me tombe franchement sur le système, surtout lorsqu'il bégaie. Mais là, tout de suite… je l'adore! Il me donne le temps de réfléchir. Et, surtout, d'agir. Je souris. J'ai trouvé.

— J… J… Je v… v…

Pendant que la créature continue d'écouter Avoine, je donne un bon coup avec mon dos sur le grille-pain. Des centaines de milliards de miettes de pain grillé dégringolent d'en haut. Elles tombent sur sa tête. Et... dans ses yeux ! L'animal crache de rage. Mon plan fonctionne ! C'est le moment ou jamais pour Avoine et moi de tirer notre révérence !

Il faut vite nous cacher quelque part ! Avoine se laisse glisser dans l'évier à ma suite. **La bête déteste l'eau !** C'est la meilleure cachette que je pouvais trouver. Est-ce que je vous ai déjà dit que j'étais un véritable expert dans l'art de me cacher ? Ne suis-je pas merveilleux ? Le merveilleux **agent 00-Choco**... Ça sonne bien !

— Pépite, tu es sûr que c'est une bonne idée de nous cacher ici ? demande alors mon cousin.

-3-

L'heure du bain

Nom d'un Petit Beurre! C'est l'eau ! Elle coule ! Un humain a dû mal fermer le robinet ! Avoine a remarqué lui aussi.

L'eau, c'est vraiment très dangereux pour des biscuits. Beaucoup plus que la bête poilue. Avec ce liquide, il n'y a pas de discussion possible ! Vous avez déjà trempé un biscuit dans un verre d'eau ? Alors vous savez ce que ça cause comme dommages ! Il faut sortir de là !

— Mais qu'est-ce que tu fais, Pépite ?

Ah non, pas question que je fige maintenant. Un espion biscuit ne peut pas avoir peur. **Je dois me secouer le chocolat !**

Je cherche des yeux un moyen de nous sortir de l'évier et je me mets à tourner sur place. J'entends Avoine éclater de rire.

— Haha ! On dirait que tu danses !

Cette fois, il pousse la noisette un peu trop loin ! Je me tourne vers lui et grogne :

— Pourquoi tu ris ? Tu trouves ça drôle qu'on finisse en pâte à biscuit dans un lavabo ?

Avoine continue de rire. Je lui saute dessus. **BAM**. Je lui mords le raisin sec, lui frappe l'avoine…

— Hé ! Z'avez fini de faire les imbéciles ?

Oh? Une voix ? D'où ça vient ? Je lève les yeux vers le comptoir et je lâche Avoine.

— Qui es-tu ? Laisse-nous tranquilles !

Pour toute réponse, une chaînette tombe dans l'évier. Au bout, il y a un bouchon. Avoine s'y agrippe. J'hésite, mais au final, je préfère affronter encore une fois la bête poilue plutôt que de rester ici et me faire éclabousser d'eau.

- 4 -

Galette

Une fille! On a été sauvés par une fille! C'est le biscuit le plus fort que j'ai rencontré! Elle est jolie en plus... **Hein?** Je ne suis pas amoureux! Elle a une belle forme, voilà tout. Heureusement qu'elle était dans les parages. Ah, mais je ne vais quand même pas la remercier!

Je sais comment m'y prendre avec les filles.

— C'est *cool* ma poule, pas de stress. Tu nous as sauvé la mise, mais on se débrouillait super bien. Va jouer avec des ficelles dans ton pot, on est des mecs, on sait ce qu'on fait…

Vous avez vu ? Je suis un vrai gentleman. **Un vrai séducteur**. Mais elle… vous savez quoi ? Elle éclate de rire ! Elle se moque de moi ! Ah, j'en ai marre qu'on rie de moi ce soir. Si c'est comme ça, je boude. C'est Avoine qui brise le silence.

— Merci beaucoup de nous avoir secourus. Comment tu t'appelles ?

— Mon p'tit nom c'est Galette. Et le vôt' ?

Je grommelle mon nom : « **Pégrmbpite.** » Avoine annonce le sien comme si c'était le plus grand honneur. Nos noms n'ont rien d'extraordinaire. Avoine est un biscuit à l'avoine. Je suis un biscuit aux pépites de chocolat et je m'appelle Pépite. Quelle originalité.

— Alors moi, ça m'fait plaisir d'vous secourir, mais vous allez m'dire c'que deux biscuits de pot comme vous font à c't'heure-là à l'extérieur.

On m'a déjà dit qu'en dehors du pot, il y avait d'autres pâtisseries plus robustes. Elles finissent souvent aussi dures qu'une roche. Par contre, personne ne m'a informé que leur accent était aussi étrange. Je boude encore, mais je ne peux m'empêcher d'être curieux. C'est la première fois que je rencontre un biscuit sauvage, après tout. Avoine me regarde avant de répondre. J'ai bien hâte de l'entendre dire que tout est sa faute.

— Eh bien...

Il se secoue pour faire tomber quelques flocons d'avoine.

— C'est Pépite qui avait envie de partir à l'aventure...

Je vous épargne le discours. Il raconte toute notre histoire depuis le début. Galette se tourne vers moi avec un drôle de regard. Elle veut me dire quelque chose, mais sa bouche reste grande ouverte. Silence. Avoine aussi me regarde bizarrement. **Est-ce que j'ai une pépite de travers?** Mon cousin marmonne quelque chose que je n'entends pas. Je déteste quand il fait ça !

— Avoine, arrête de…

Un rire vraiment terrible résonne alors derrière moi, semblable au bruit que font les pattes d'une chaise lorsqu'elles grincent sur le plancher. Je me retourne lentement. Devinez ce que je vois ?

Je vous donne un indice : ça n'a franchement pas sa place dans une cuisine. Le rire se transforme en plusieurs dizaines de rires. Je fige. **Des fourmis!**

Une centaine de fourmis affamées qui me regardent en se léchant les mandibules. Vous savez ce que sont des mandibules ?

Ce sont un peu comme des pinces qui servent de bouche aux insectes. C'est assez terrifiant quand on a la taille d'un biscuit !

SAUVE QUI PEUT!

-5-

L'attaque des fourmis géantes

Je cours derrière Avoine et je le pousse pour qu'il roule plus vite. Je déteste cette cuisine aussi peuplée qu'une jungle !

— Allez les biscottes, on s'dépêche !

Galette nous fait signe de la suivre. Je suis vraiment trop reconnaissant pour bouder. On arrive au bout du comptoir. C'est la première fois que je m'aventure aussi loin du pot familial. C'est vraiment excitant.

— On s'prépare à sauter les gars !

Est-ce que j'ai bien compris ? Elle veut vraiment que l'on se jette en bas ? Qu'on saute ? Sur le plancher ?! Elle saute. Moi qui croyais que c'était une blague. Avoine rigole. La folie de Galette doit être contagieuse.

Mon cousin, que je croyais aussi mou qu'une purée de patates, se jette à son tour en bas du comptoir. Je suis convaincu qu'ils se sont écrasés. Ils doivent être en mille morceaux. C'est triste.

— Qu'est-ce que tu fais Pépite ?
Viens nous rejoindre!

Je regarde en bas. Ils sont encore en un seul morceau. Est-ce que je saute ? Je n'en ai pas vraiment envie. Je pourrais retourner au pot et… oh, les fourmis approchent !

— Regardez, les filles, le biscuit au chocolat est tout seul. Nous allons nous régaler! **Hihihi!**

Oh, je préfère encore mourir en miettes que finir entre les mandibules d'une fourmi! Je prends mon courage à deux mains et…

- 6 -
Saute !

— **Aaaah!**

— Chut ! Tais-toi, Pépite ! Les fourmis vont nous voir !

J'ouvre un œil. Je suis vivant ! J'embrasse le plancher. Puis, je m'essuie la bouche parce que c'est sale embrasser un plancher.

Je me sens beaucoup plus en sécurité sur le sol que là-haut, avec les fourmis mangeuses de biscuits. J'observe ce qui m'entoure. Je n'ai jamais posé une miette dans un endroit aussi vaste ! **C'est incroyable !** Je ne savais pas que le monde de la cuisine était aussi grand. Je me sens à la fois excité et ignorant. L'existence de tels endroits devrait être enseignée aux petits biscuits.

— Vite ! Cachez-vous, elles arrivent !

Galette me tire par le bras. Je regarde derrière moi, les fourmis descendent du comptoir à la file indienne. On dirait qu'elles ne ressentent pas les effets de la gravité. Elles marchent à la verticale. **C'est effrayant!** On se sauve mais personne ne semble savoir dans quelle direction on doit aller. J'ai une inspiration soudaine. Je prends la chaînette tombée sur le plancher entre mes dents et balance le bouchon qui pend au bout jusqu'en haut. Malheureusement, il retombe par terre. Galette se met à sauter sur la pédale qui se trouve à la base de ma cachette potentielle. Quelle surprise de voir qu'à

chaque bond, la cache s'ouvre un peu plus. Je commence à entendre des rires, il faut me dépêcher. Je retente le coup avec la chaînette et le bouchon.
Une fois… deux fois… et voilà !
Le tour est joué ! Nous grimpons.

Beurk, ça pue ici ! Et il fait noir ! Encore plus que dans la cuisine. Galette est la seule à ne pas pousser une exclamation du genre : « J'ai envie de vomir ! » ou « Qui a pété ? » Je ne sais pas comment elle fait pour supporter l'odeur, mais c'est tout à son honneur. Ça doit être dans sa recette de biscuit sauvage. Moi, je ne sais pas si je vais pouvoir tenir plus de cinq minutes !

Avoine non plus n'a pas l'air d'apprécier la situation. Ses raisins secs ont tourné au vert et il se retient pour ne pas régurgiter.

Du vomi de biscuit à l'avoine, ça ne doit pas être joli, un genre de gruau gluant…

BEURK !

-7-

L'affaire est dans le sac

Je pousse sur le couvercle et je suis ébloui. Il fait jour ! Nous avons passé toute la nuit hors du pot ! **C'est fantastique !** Mais mon enthousiasme prend fin lorsque des pas se font entendre. Malgré la puanteur, je retourne à l'intérieur de la cachette.

Ce qui se dirige vers nous est énorme ! Le couvercle se soulève de nouveau et aucun de nous trois n'a le temps de réagir que le sac se referme. Nous sommes soulevés de terre. Galette pousse un cri de frayeur.

— **Nom d'un cuistot!** C'est l'jour des ordures ! Nooon !

Le tremblement de terre recommence. Avoine n'arrête pas de gigoter.

— Avoine, arrête ça !

— Mais, il y a quelque chose qui me pique les fesses !

Je tâte, c'est pointu. Ça me donne une idée ! Je soulève l'objet long et piquant. Avoine m'aide. Je l'approche d'un côté du sac en plastique et je l'entaille de toutes mes forces. Nous sommes projetés hors du sac avec quelques ordures. C'est Galette la première qui éclate de rire. Avoine rit aussi. Je suis trop essoufflé pour en faire autant. Trop triste aussi…

Galette le remarque et s'approche de moi, à l'abri sous la cuisinière.

— Hé Pépite… pourquoi t'as c't'air triste?

— Tout ce que je voulais, moi, c'était vivre une aventure. Nous sommes le matin et je n'ai pas vécu mon aventure. Je ne suis pas devenu un héros, je n'ai pas sauvé de princesse et je n'ai pas trouvé de trésor.

Je renifle. Je ne veux pas pleurer et devenir un biscuit à pâte molle.

— À cause d'Avoine, tout ce que j'ai réussi à faire, c'est me sauver de **la bête poilue**, rester coincé dans l'évier, passer bien près de me faire dévorer par des fourmis et me retrouver dans une poubelle.

Galette me donne une pichenette.

— T'es sérieux Pépite ? Nous sommes tous les trois de vrais aventuriers !

— Comment ?

— T'en connais beaucoup des biscuits qui ont affronté la créature poilue, l'robinet, des fourmis et un sac d'ordures en une seule nuit ? Pépite, nous sommes des héros !

Elle a raison! Avoine approuve. Je leur fais un câlin. Ils l'ont mérité. Je suis un peu gêné envers mon cousin.

Je n'ai pas été sympathique avec lui cette nuit.

— Avoine, promets-moi de toujours venir me déranger lors de mes balades.

— Promis, Pépite. Mais… attends, tu parles comme s'il allait y en avoir d'autres.

— Oui, il va y en avoir d'autres. Il n'est pas question que je retourne dans le pot et que je finisse ma vie dans la bouche d'un humain.

Je suis peut-être un biscuit mais c'est moi qui décide ce que je fais de ma vie. Personne ne pourra m'empêcher d'être **un biscuit aventurier**.

Et c'est ainsi que notre nouvelle vie s'amorça hors du pot. Le jour, nous dormions et la nuit, nous partions tous les trois à l'aventure. Et personne, personne n'allait me croquer. Je suis Pépite et **je suis un biscuit libre!**

FIN

AMÉLIE BOUCHARD

AUTEURE

Photo : © Martine Doyon

Née en 1994, Amélie Bouchard est une jeune auteure aux innombrables idées qui en est à son premier livre ! Attirée depuis toujours par l'imaginaire, elle se passionne pour le théâtre et l'écriture. Elle travaille comme monitrice d'un camp de jour pendant l'été et a même fondé sa propre compagnie d'animation : Les Cocasseries (cocasseries.ca).

MARIE ÉMILIE ROWE

ILLUSTRATRICE

Jeune artiste issue du domaine du dessin animé, Marie Émilie Rowe travaille désormais comme illustratrice sur un projet jeunesse pour Télé-Québec après avoir assuré la direction artistique de différents jeux vidéo chez Sava Transmédia. Illustratrice de la série *Les Pensionnaires de La Patoche*, elle poursuit sa mission de faire vibrer les cœurs d'enfants en donnant maintenant vie à d'attachantes pâtisseries dans *Les Aventures d'un biscuit* !

Fiches d'exploitation pédagogique

Vous pouvez vous les procurer sur notre site Internet
à la section jeunesse / matériel pédagogique.

quebec-amerique.com